AF337500

LE

PÉRIL SOCIAL

PAR

le citoyen Ch.-F. CURTIUS

PREMIÈRE ÉDITION

BORDEAUX

V· CADORET, IMPRIMEUR

12 — rue du Temple — 12

1877

LE
PÉRIL SOCIAL

PAR

le citoyen Ch.-F. CURTIUS

PREMIÈRE ÉDITION

BORDEAUX

Vᵉ CADORET, IMPRIMEUR

12 — rue du Temple — 12

1877

LE

PÉRIL SOCIAL

Un grand péril menace la Société et les prétendus républicains de tous les clans n'ont pas l'air de s'en douter.

363 députés, de diverses opinions de fortunes et de situations bien différentes, de goûts bien variés, d'appétits plus ou moins grands, de vues très-basses et d'ambitions insatiables; 363 députés, dits républicains, ont formé une ligue contre le pouvoir du maréchal de Mac-Mahon.

La majorité républicaine, composée des parvenus de l'émeute, des enrichis par la guerre, des arrivés par le mensonge et d'orgueilleux avides de pouvoir, est une espèce d'habit d'Arlequin composé de 363 pièces aux couleurs les plus variées et les plus bizarres :

Gambetta et Ordinaire, Thiers et Armand Duportal, pourquoi pas Vermesch qui vaut bien Duportal, qui n'est lui-même qu'une doublure de Delescluze ?

Enfin 363 associés, se croyant et se disant républicains et se méprisant entre eux.

Les républicains modérés acceptant l'aide des représentants de la démagogie, c'est-à-dire, de la canaille révolutionnaire bien décidée à s'abattre sur la propriété et sur le capital.

Le péril social est grand, parce qu'il est principalement dans la lutte du travail contre le capital.

Le peuple est induit en erreur par les paresseux avides de jouissances, qui, afin de l'exploiter à leur profit, cherchent à le pousser aux folies révolutionnaires.

Les bas-fonds sociaux sont hideux à voir, car là grouillent les ivrognes, les paresseux, les débauchés crapuleux ; les voleurs et les assassins forment le principal noyau de la horde démagogique.

Les infects cabarets sont les points de repère et les lieux de réunion où les imaginations idiotes et canailles, exaltées par l'alcool, se donnent un libre essor et se livrent à la propagande des idées les plus malsaines.

Les travailleurs ignorants et crédules se corrompent dans les bouges où croupissent le vice et l'idiotisme, et ils sont assez sots pour colporter à l'atelier les propos séditieux qu'ils entendent aux cabarets.

Les ouvriers des grandes villes sont pourris de socialisme et leur républicanisme n'est qu'un rêve de jouissance. On leur a promis des élévations de salaires et des diminutions d'heures de travail, on leur a fait accroire qu'ils sont la force qui produit et qu'ils doivent être l'intelligence qui dirige.

Les ouvriers socialistes en sont arrivés à se croire appelés à la direction des affaires publiques, et ils sont républicains avec espoir que la république les arrachera à l'atelier pour faire d'eux des députés, des sénateurs, des commissaires de salut public, des exécuteurs des hautes-œuvres, toutes choses enfin où ils puissent recevoir beaucoup d'argent sans avoir à travailler.

Ah ! ils sont propres et gais les propos que l'on entend dans les cabarets, lieux de réunion de la crapule démagogique !

Et les charlatans politiques osent parler du républicanisme du peuple !

Le citoyen Gambetta, tête de colonne du parti soi-disant républicain, a l'audace de dire que *l'alliance du capital et du travail est un fait accompli, que la bourgeoisie et le prolétariat se donnent la main, que le peuple est pénétré de l'idée républicaine, et que seul le gouvernement républicain peut faire le bonheur du peuple.*

Ce pître n'en finira donc jamais avec le mensonge.

Allons ! il faut souffleter un pareil imposteur avec les mensonges qu'il débite.

Il a osé dire : *qu'il avait gouverné*

en respectant toutes les libertés.
Il a dit cela devant ses compères
qui savaient bien qu'il mentait, et
a eu l'audace de tenir ce langage
dans la ville de Bordeaux, où il a
violé la liberté électorale et la
liberté de la presse.

Il a menti, ce borgne prétentieux,
lorsqu'il a dit qu'il avait gouverné en respectant toutes les
libertés, car il les a violées toutes.

Il a menti, lorsqu'il a parlé de
l'alliance, du capital et du travail,
car il se sauve autant qu'il le peut
des travailleurs, depuis qu'il a un
capital que son ami le citoyen Ordinaire l'accuse d'avoir chipoté.

Il a menti, cet ancien crasseux
du quartier des écoles, lorsqu'il a

parléde l'alliance de la bourgeoisie et du prolétariat, car il sait bien que ce qu'il a fait, tous les crêve-la-faim, tous les paresseux et tous les déclassés veulent le faire.

Gambetta a méprisé les riches et le pouvoir, tant qu'il était sans le sou et inconnu.

Il a insulté le pouvoir et poussé à la révolution, il a tout dit et tout promisaux Parisiens, devenus des communards et des pétroleux; Gambetta est donc de l'école de Delescluze, de Duportal, de Ferret, de Rochefort, de Lisagaray, de Raould Rigault, de Vermesch etde tous les pétroleux petits et grands.

Gambetta a aiguisé l'appétit des révolutionnaires de Belleville et, grâce à eux, par ses promesses mensongères, il a été élu député.

Ce triste hâbleur est sorti de la pourriture démagogique.

Lorsque le hasard et la trahison lui ont donné un poste, où il a montré toute son incapacité, il a travaillé pour lui.

Après les désastres de la France, Gambetta, le gueux, s'est trouvé millionnaire.

Qu'il nous explique donc l'origine de sa fortune.

Et dire que voilà un des principaux chefs des 363, qui ne sont républicains que pour s'emparer du pouvoir, se partager les emplois et faire leurs propres affaires !

Les républicains en habit noir

veulent faire croire que la redin-
gote, le paletot, la veste, la blouse
et la chemise sale sont parfaite-
ment d'accord sur le terrain de
leur prétendue république.

Et voilà où se trouve le péril
social : les basses classes sont sur-
excitées contre les classes dirigean-
tes, et la blouse aspire à gouver-
ner d'après les principes de la
commune révolutionnaire.

Les travailleurs des villes, étant
parvenus à gagner beaucoup en
travaillant très-peu, ont de l'argent
et des loisirs pour aller se corrom-
pre dans les mauvais lieux, où se
lisent les élucubrations des for-
bans de la pensée.

L'idée révolutionnaire a fait du

chemin, parce que la presse pourrie a inoculé son virus aux ouvriers, qui se sont mis à faire de la mauvaise politique en faisant encore plus mauvais ménage.

La famille et l'atelier sont désertés par les travailleurs qu'a gangrenés l'idée révolutionnaire de l'athéisme et du socialisme.

Les idées les plus idiotes et les plus canailles sont devenues des principes pour les idiots et les coquins.

Comme les bandits n'ont rien à perdre en risquant le tout pour le tout, ils ont fait de la révolution la grande machine au moyen de laquelle ils espèrent arriver à la fortune,

Le dernier des raccommodeurs de savates se croit par la révolution un être supérieur ; il ne veut plus coudre du vieux cuir, et pourquoi ne serait-il pas quelque chose dans le gouvernement de la république? il y a assez longtemps qu'il travaille ; il a soif de jouissances et il veut s'affranchir du joug du travail.

N'a-t-il pas sous les yeux quantité d'exemples d'autres qui étaient moins que lui et qui sont arrivés grâce à la révolution. Pourquoi n'arriverait-il pas comme eux ?

Les avocats sans causes veulent devenir des présidents de la république, des ministres ou des prefets et il poussent à la révolution.

Quelques propriétaires ou bourgeois avides d'honneurs sont poussés par la canaille révolutionnaire qui a besoin de trouver des imbéciles qu'elle puisse montrer aux propriétaires et aux capitalistes en leur disant : vous voyez bien qu'il n'y a pas parmi nous que des mendiants, des ivrognes et des voleurs. Alors ces bourgeois déclassés sont montrés comme les représentants de l'alliance du capital et du travail, de la bourgeoisie et du prolétariat.

La clique révolutionnaire se démène, s'agite, se multiplie, emploie tous les moyens, crie bien fort et en faisant beaucoup de bruit et grand étalage de mensonges, elle parvient à tromper l'ouvrier, qui croit s'affranchir du travail, et le bourgeois qui veut des honneurs.

Ce qu'il y a de plus triste, c'est qu'au milieu de ce bruit infernal des conservateurs prennent peur, et, pour mettre leur peur à l'abri des crimes des assassins révolutionnaires ils ont l'air d'emboîter le pas à la révolution.

La peur et l'indifférence de beaucoup de bourgeois font les affaires de la démagogie.

Le capitaliste attend bêtement que les pétroleux aient brûlé le livre de la dette publique et pillé les coffres-forts.

Les propriétaires attendent que

les fainéants des villes se répandent dans les campagnes pour se livrer au pillage de leurs récoltes.

La peur et l'indifférence font que le parti conservateur peut être affamé.

Le péril social est grand, car c'est la lutte de ceux qui ne possèdent rien contre ceux qui possèdent quelque chose.

C'est la lutte des vices contre la vertu, du mal contre le bien, du mensonge contre la vérité, du désordre contre l'ordre, de l'hérésie contre la foi.

Les prétendus républicains veulent faire croire qu'il est possible de faire une république sérieuse en leur donnant la direction des affaires. Mais les exemples ne leur servent à rien.

Lorsque le 4 septembre on a donné le pouvoir à Gambetta, Jules Favre, Jules Simon et Cie, les révolutionnaires du milieu et de la queue ont été jaloux et il y a eu la tentative du 31 octobre, puis plus tard la révoluion du 18 mars et enfin les pillages, les massacres et les incendies de la Commune.

Et ils ont l'air d'ignorer, ces fameux chefs du parti républicain, que si le 4 septembre n'avait pas été protégé par l'invasion allemande vers laquelle le plus grand nombre des citoyens français portaient toutes leurs pensées, nous aurions eu les dénonciations les incarcérations, la fusillade, le vol, l'incendie et tous les crimes qui sont la conséquence fatale, mais logique, de toutes les révolutions.

La république est le champ sur lequel toutes les ambitions et toutes les extravagances se donnent rendez-vous.

Il est impossible de faire un gouvernement sérieux et respecté avec le fouillis des 363 morceaux multicolores.

Le Maréchal de Mac-Mahon a compris le danger qui menace la société et il veut faire des efforts pour entraver la révolution,

A l'heure du péril social il ne peut donc y avoir que deux partis bien distincts : celui des honnêtes gens se groupant autour du Maréchal, afin de lui permettre d'assurer l'ordre et la sécurité de la propriété et du capital, et le parti de la révolution composé des divers groupes dont les 363 sont la tête.

Oui, tous les députés de l'opposition au Maréchal sont des révolutionnaires qui ne peuvent occasionner que des désastres en favorisant l'avènement de la république sociale.

Les communards attendent le moment de prendre leur revanche et les bas-fonds sociaux veulent écumer à la surface.

La révolution dévore ses enfants. Malheur aux sots orgueilleux qui marchent dans son sillon! ils seront fusillés ou pendus par les mandrins de la démagogie.

Les républicains en habit et en gants blancs ne pouvent pas vouloir la même république que les républicains aux chemises sales et aux mains calleuses.

Le devoir des bons citoyens consiste à rester dans l'ordre et a refouler les aspirations malsaines qui sont une menace pour la société cette menace peut se changer en désastre.

Honnêtes gens de tous les partis, liguez-vous contre les coquins ; osez vouloir, et vous conjurerez le péril social,

Soutenons donc le maréchal de

Mac-Mahon, le protecteur de l'ordre social et de la sécurité de la propriété ; votons pour les candidats qui se présenteront sous son patronage et qui l'aideront à prévenir la révolution, soyons les citoyens du bien et nous aurons mérité de la patrie.